18049898R00113

Made in the USA
San Bernardino, CA
21 December 2018